Start een hondenfokbedrijf Boek voor beginners

Fokkersgids voor gratis geld, hond
Zakelijke artikelen, omgaan met
hulphonden en puppies baren

Door Brian Mahoney

Copyright © 20124 Brian Mahoney Alle
rechten voorbehouden.

Disclaimer

Dit boek is geschreven als gids voor het starten van een bedrijf. Zoals bij elke andere winstgevende actie, is het starten van een bedrijf tot op zekere hoogte risicovol. Dit boek is niet bedoeld ter vervanging van boekhoudkundig, juridisch, financieel of ander professioneel advies. Als je op een van deze gebieden advies nodig hebt, kun je het beste een professional raadplegen.

Hoewel de auteur heeft geprobeerd de informatie in dit boek zo nauwkeurig mogelijk te maken, wordt geen garantie gegeven voor de nauwkeurigheid of actualiteit van een afzonderlijk item. Wetten en procedures met betrekking tot het bedrijfsleven veranderen voortdurend.

Daarom kan Brian Mahoney, de auteur van dit boek, in geen geval aansprakelijk worden gesteld voor speciale schade, indirecte schade, gevolgschade of welke schade dan ook in verband met het gebruik van de hierin verstrekte informatie.

Alle rechten voorbehouden

Niets uit dit boek mag worden gebruikt of gereproduceerd op welke manier dan ook zonder schriftelijke toestemming van de auteur.

Inhoudsopgave

Hoofdstuk 1 Overzicht hondenfokkerij

Hoofdstuk 2 Voortplanting en werpen van honden

Hoofdstuk 3 Gids voor het fokken van hulphonden

Hoofdstuk 4 Benodigdheden en apparatuur voor hondenfokkerijen

Hoofdstuk 5 Stap voor stap aan de slag

Hoofdstuk 6 Beste manier om een ondernemingsplan te schrijven

Hoofdstuk 7 Zakelijke verzekeringen

Hoofdstuk 8 Goudmijn van overheidssubsidies

Hoofdstuk 9 Kolossaal geld van crowdfunding

Hoofdstuk 10 Marketing Hoe bereik je gratis een miljard mensen!

Hoofdstuk 11 HONDENFOKKEN WEBBRONNENWIJZER

Hoofdstuk 1
Overzicht hondenfokkerij

Overzicht hondenfokkerij

HONDEN FOKKEN

Amerikaanse Hondenfokkers Vereniging

De American Dog Breeders Association, Inc. werd opgericht in september 1909 als een vereniging van meerdere rassen. De vertrekkende voorzitter, de heer Guy McCord, was een fervent liefhebber en fokker van de American Pit Bull Terrier, en was een goede vriend van de heer John P. Colby. De heer Colby was de steunpilaar van de A.D.B.A. die er prat op ging het "thuis" registratiekantoor van de Colby honden te zijn. Alle leden, met een goede reputatie, konden hun honden en nesten registreren bij de registratieafdeling tegen de jaarlijkse betaling van $ 2,50 contributie. Het lijkt erop dat het exclusieve leden idee geleidelijk werd vervangen door een open register voor alle eigenaren en fokkers van rashonden. Na verloop van tijd werd de vereniging gericht op de registratie van de American Pit Bull Terrier.

Overzicht hondenfokkerij

De A.D.B.A. ging in 1951 over van McCord naar Frank Ferris. Hij, samen met zijn vrouw Florence Colby, (de vrouw van wijlen John P. Colby) bleef de A.D.B.A. runnen op beperkte schaal, maar met steeds meer nadruk op de registratie van uitsluitend het A.P.B.T. ras.

In 1973, door de aanbeveling van Howard Heinzl, kochten Ralph Greenwood en zijn familie de A.D.B.A. van Mr. Ferris, wiens gevorderde leeftijd hem met pensioen deed gaan. (De heer Heinzl was een persoonlijke vriend van Frank Ferris en een fervent aanhanger van de A.D.B.A., omdat hij zijn honden uitsluitend registreerde bij de A.D.B.A.) We wensen vaak dat Frank nog had kunnen meemaken hoe de huidige vereniging is gegroeid. Hij zou tevreden zijn geweest.

De vereniging blijft groeien in de VS en andere landen overzee. De American Dog Breeders Association Inc. is het grootste registratiekantoor van de American Pit Bull Terrier en accepteert nu ook andere rashonden, meestal werkrassen.

Vanaf 27 oktober 2006 opent de registry haar stamboek om andere rashonden te accepteren.

Overzicht hondenfokkerij

Wat is honden fokken?

Fokken met honden is de praktijk van het kruisen van geselecteerde honden met de bedoeling om specifieke kwaliteiten en kenmerken te behouden of te produceren. Wanneer honden zich voortplanten zonder menselijke tussenkomst, worden de kenmerken van hun nakomelingen bepaald door natuurlijke selectie, terwijl "hondenfokkerij" specifiek verwijst naar de kunstmatige selectie van honden, waarbij honden opzettelijk worden gefokt door hun eigenaars. Iemand die opzettelijk honden met elkaar laat paren om puppy's te fokken, wordt een hondenfokker genoemd. Fokken is gebaseerd op de wetenschap van genetica, dus de fokker met kennis van hondengenetica, gezondheid en het beoogde gebruik voor de honden probeert geschikte honden te fokken.

Overzicht hondenfokkerij

Geschiedenis

Drie generaties "Westies" in een dorp in Fife, Schotland

Mensen hebben sinds prehistorische tijden populaties van nuttige dieren in stand gehouden rond hun leefgebieden. Ze hebben opzettelijk nuttig geachte honden gevoerd, terwijl ze andere verwaarloosden of doodden, waardoor er in de loop van duizenden jaren een relatie is ontstaan tussen mensen en bepaalde soorten honden.
In de loop van deze millennia hebben gedomesticeerde honden zich ontwikkeld tot verschillende types of groepen, zoals waakhonden, jachthonden en windhonden. Kunstmatige selectie bij het fokken van honden heeft het gedrag, de vorm en de grootte van honden de afgelopen 14.000 jaar beïnvloed.

De evolutie van honden uit wolven is een voorbeeld van neoteny of paedomorfisme selectie, die resulteert in een behoud van jeugdige fysieke kenmerken.
In vergelijking met wolven behouden veel volwassen hondenrassen zulke jeugdkenmerken als een zachte, donzige vacht, ronde rompen, grote koppen en ogen, oren die naar beneden hangen in plaats van rechtop te staan, enz.; kenmerken die de meeste jonge zoogdieren gemeen hebben en die daarom over het algemeen een zekere mate van beschermend en verzorgend gedrag uitlokken bij de meeste volwassen zoogdieren, waaronder mensen, die zulke kenmerken "schattig" of "aantrekkelijk" noemen.

Overzicht hondenfokkerij

Er is gezien dat deze eigenschappen er zelfs toe kunnen leiden dat een volwassen wolvin zich defensiever opstelt tegenover hondenpups dan tegenover wolvenpups. Het voorbeeld van neoteny bij honden gaat zelfs nog verder, in die zin dat de verschillende hondenrassen verschillend neoteny zijn, afhankelijk van het type gedrag dat geselecteerd werd.

Om dit onderscheid in stand te houden, heeft de mens honden met bepaalde kenmerken opzettelijk met elkaar laten paren om die kenmerken in het nageslacht te stimuleren. Door dit proces zijn honderden hondenrassen ontwikkeld. Aanvankelijk was het bezit van werk- en later rashonden een voorrecht voor de rijken. Tegenwoordig kunnen veel mensen het zich veroorloven om een hond te kopen. Sommige fokkers kiezen ervoor om raszuivere honden te fokken, terwijl anderen de voorkeur geven aan de geboorte van een nestje puppies in een hondenregister, zoals een kennelclub, om het vast te leggen in stamboeken zoals die worden bijgehouden door de AKC (American Kennel Club).

Dergelijke registers houden de afstamming van honden bij en zijn meestal aangesloten bij kennelclubs. Het bijhouden van correcte gegevens is belangrijk voor het fokken van rashonden. Toegang tot de registers stelt een fokker in staat om de stambomen te analyseren en te anticiperen op eigenschappen en gedrag.

Overzicht hondenfokkerij

De vereisten voor het fokken van geregistreerde rashonden verschillen per ras, land, kennelclub en register. Er is geconcludeerd dat "bevindingen impliceren dat toen selectief fokken werd gedaan door mensen, het de snuiten van bepaalde hondenrassen verpletterde, het ook hun hersenen vervormde" (Scientific American, 2010). Fokkers moeten zich houden aan de regels van de specifieke organisatie om deel te nemen aan de programma's voor het behoud en de ontwikkeling van het ras. De regels kunnen betrekking hebben op de gezondheid van de honden, zoals röntgenfoto's van gewrichten, heupcertificaten en oogonderzoek; op werkkwaliteiten, zoals slagen voor een speciale test of presteren op een proef; op algemene conformiteit, zoals de evaluatie van een hond door een rasexpert. Veel registers, met name die in Noord-Amerika, zijn echter geen controlerende instanties die honden van slechte kwaliteit of gezondheid uitsluiten. Hun belangrijkste functie is simpelweg het registreren van puppies geboren uit ouders die zelf geregistreerd zijn.

Overzicht hondenfokkerij

Kritiek

Sommige honden hebben bepaalde erfelijke eigenschappen die zich kunnen ontwikkelen tot een handicap of ziekte. Heupdysplasie bij honden is zo'n aandoening. Van sommige oogafwijkingen, sommige hartaandoeningen en sommige gevallen van doofheid is bewezen dat ze erfelijk zijn. Er zijn uitgebreide studies gedaan naar deze aandoeningen, meestal gesponsord door rasverenigingen en hondenregisters, terwijl gespecialiseerde rasverenigingen informatie verschaffen over veel voorkomende genetische afwijkingen bij hun rassen. Ook speciale organisaties, zoals Orthopedic Foundation for Animals, verzamelen gegevens en verstrekken deze aan fokkers en het grote publiek. Aandoeningen zoals heupdysplasie kunnen sommige rassen meer treffen dan andere.

Sommige registers, zoals de American Kennel Club, kunnen een vermelding van de afwezigheid van bepaalde genetische afwijkingen, bekend als een certificering, opnemen in de gegevens van een individuele hond. De Duitse Herdershond nationale rasvereniging in Duitsland is bijvoorbeeld een register dat erkent dat heupdysplasie een genetisch defect is voor honden van dit ras.

Overzicht hondenfokkerij

Daarom moeten alle honden worden beoordeeld op de afwezigheid van heupdysplasie om hun nakomelingen te kunnen registreren en worden de resultaten opgenomen in de stambomen van de individuele honden.

Er zijn BBC-documentaires getiteld "Pedigree Dogs Exposed" en "Pedigree Dogs Exposed - Three Years On" waarin gezondheidsproblemen bij honden als gevolg van inteelt worden beweerd. Problemen zoals ademhalingsproblemen bij de Mopshond en de Pekingees, problemen met de ruggengraat bij de Teckel en Syringomyelia bij de Cavalier King Charles Spaniel.

Sommige wetenschappelijke onderzoekers stellen dat de vooruitgang in kunstmatige voortplantingstechnologieën voor het fokken van honden nuttig kan zijn, maar ook "nadelige gevolgen" kan hebben wanneer deze te veel gebruikt worden in plaats van natuurlijke selectieprincipes. Deze wetenschappers roepen op tot een beter begrip van natuurlijke selectie, wat leidt tot een meer naturalistische aanpak bij het fokken van honden.

Overzicht hondenfokkerij

Rashond

Een rashond verwijst meestal naar een hond van een modern hondenras met een gedocumenteerde stamboom in een stamboek en kan geregistreerd zijn bij een rasvereniging die ook deel kan uitmaken van een nationale kennelclub.

Rashond kan ook op een andere manier gebruikt worden om te verwijzen naar honden van specifieke hondentypen en landrassen die geen moderne rassen zijn. Een voorbeeld wordt aangehaald door bioloog Raymond Coppinger, van een Italiaanse herder die alleen de witte puppies uit de nesten van zijn herdershond houdt en de rest afmaakt, omdat hij de witte als raszuiver definieert. Coppinger zegt: "De definitie van de herder van raszuiver is niet verkeerd, het is gewoon anders dan de mijne." De gebruikelijke definitie is echter die van moderne rassen.

Registratie

Rashonden zijn rashonden van moderne rassen. Deze honden kunnen geregistreerd zijn bij een rasvereniging. De rasvereniging kan een open of gesloten stamboek zijn, de term kan naar beide geïnterpreteerd worden. Meestal is de rasvereniging ook geassocieerd met een kennelclub (AKC, UKC, CKC etc.). Honden die geregistreerd zijn bij een rasvereniging worden meestal "geregistreerd" genoemd.

Overzicht hondenfokkerij

Sommigen gebruiken de term uitsluitend voor een hond die ook geregistreerd is bij een rasvereniging, maar vaker wordt het gebruikt als een algemene term om te verwijzen naar honden waarvan de stamboom bekend is binnen een gestandaardiseerd ras. Een hond die raszuiver is, mag niet geïnterpreteerd worden als een hond van hoge kwaliteit. Het is geen reflectie op de kwaliteit van de gezondheid, het temperament of de schranderheid van de hond, maar slechts een verwijzing dat de hond een bekende afstamming heeft volgens de fokker. Hoewel sommige rasverenigingen nu afstamming kunnen garanderen door middel van DNA-testen, moeten alle rasverenigingen voor het grootste deel uitsluitend vertrouwen op het woord van de fokker en de keuze van de afstamming. In de beginjaren van het concept van de kennelclub was dit geen probleem omdat hondenfokkerij alleen werd gedaan door de extreem rijken en hun reputatie op het spel stond. Maar in deze moderne tijd van fokken moet men zich ervan bewust zijn dat zelfs een DNA bewezen raszuivere en geregistreerde kampioen die nationale wedstrijden heeft gewonnen, ernstige gezondheidsproblemen kan hebben.

Overzicht hondenfokkerij

Het gesloten stamboek vereist dat alle honden afstammen van een bekende en geregistreerde set voorouders; dit resulteert in een verlies van genetische variatie in de loop van de tijd, evenals een zeer identificeerbaar rastype, dat de basis vormt van de sport van het exterieur showen. Om specifieke kenmerken te verbeteren, zijn de meeste moderne rashonden die geregistreerd staan in een gesloten stamboek sterk inteeltgericht, waardoor de kans op genetische ziekten toeneemt.

Het open stamboek, wat betekent dat enige uitkruising aanvaardbaar is, wordt vaak gebruikt in herdershonden-, jachthonden- en werkhondenregisters (werkhonden zijn politiehonden, hulphonden en andere honden die direct met mensen werken, niet met wild of vee) voor honden die niet ook betrokken zijn bij de sport van het showen. Outcrosses met andere rassen en fokken op werkeigenschappen (in plaats van fokken op uiterlijk) worden verondersteld te resulteren in een gezondere hond. Overmatig gebruik van één bepaalde dekreu vanwege de wenselijkheid van de werkstijl of het uiterlijk van de hond leidt tot een beperking van de genetische diversiteit, of het ras nu een open of een gesloten stamboek gebruikt.

Overzicht hondenfokkerij

De Jack Russell Terrier Club of America stelt: "Inteelt bevordert zowel genen van uitmuntendheid als schadelijke genen." Sommige open stamboek rassen, zoals de Jack Russell Terrier, hebben strikte beperkingen op inteelt.

Hondenkruisingen

Hondenkruisingen (eerste generatie kruisingen van twee raszuivere honden, ook wel hondenhybriden genoemd) zijn geen rassen en worden niet als raszuiver beschouwd, hoewel kruisingen van dezelfde twee raszuivere honden "identieke kwaliteiten" kunnen hebben, vergelijkbaar met wat verwacht zou worden van het fokken van twee raszuivere honden, maar met meer genetische variatie. Kruisingen fokken echter niet waarheidsgetrouw (wat betekent dat nakomelingen consistente, reproduceerbare en voorspelbare kenmerken vertonen) en kunnen alleen worden gereproduceerd door terug te keren naar de oorspronkelijke twee raszuivere rassen.

Bij rassen van jacht-, herders- of werkhonden in open stamboekregisters kan een kruising worden geregistreerd als een lid van het ras waar hij het meest op lijkt als de hond werkt op de manier van het ras.

Overzicht hondenfokkerij

Sommige jacht-, herders-, of werkhondenregisters accepteren honden van een gemengd ras (d.w.z. van onbekende afkomst) als lid van het ras als ze op de juiste manier werken, genaamd registreren op basis van verdienste.

Gemengd ras

Voor gemengde rassen (onbekende erfelijkheid), kruisingen (van twee verschillende raszuivere rassen), of anderszins ongeregistreerde raszuivere huishonden zijn er vele kleine betaalde internetregistratiebedrijven beschikbaar die elke hond als raszuiver kunnen certificeren die men maar wil uitvinden.

 Er worden echter voortdurend nieuwe hondenrassen legitiem gecreëerd en er zijn veel websites voor nieuwe rasverenigingen en rasclubs die legitieme registraties aanbieden voor nieuwe of zeldzame rassen. Als honden van een nieuw ras "zichtbaar vergelijkbaar zijn in de meeste kenmerken" en een betrouwbare gedocumenteerde afstamming hebben van een "bekende en aangewezen stam", kunnen ze worden beschouwd als leden van een ras, en als een individuele hond gedocumenteerd en geregistreerd is, kan hij raszuiver worden genoemd. Alleen documentatie van de afstamming van een rasstam bepaalt of een hond al dan niet raszuiver is.

Overzicht hondenfokkerij

Showhond

De term showhond wordt vaak op twee verschillende manieren gebruikt. Voor mensen uit de hondenliefhebberij is een showhond een uitzonderlijke rashond die voldoet aan het rastype en een uitbundig, energiek karakter heeft. Voor mensen die geen interesse hebben in hondenshows, wordt de term "showhond" vaak grappig gebruikt om te verwijzen naar een hond wiens enige attributen het uiterlijk zijn.
Raymond Coppinger zegt: "Deze recente fokwoede voor de rashond is zwaar uit de hand gelopen".

Hondenshows (en de daaraan gerelateerde sport van Junior Handling voor kinderen en j o n g e r e n) blijven populaire activiteiten; alleen al de Crufts hondenshow van 2006 telde 143.000 toeschouwers, met 24.640 ingeschreven raszuivere honden, die 178 verschillende rassen uit 35 verschillende landen vertegenwoordigden. De conformation hondenshow staat alleen open voor geregistreerde rashonden.

Overzicht hondenfokkerij

Gezondheid

Genetische aandoeningen zijn een bijzonder probleem voor honden van registers waarvan het stamboek gesloten is. Veel nationale kennelclubs verbieden het registreren van honden die bepaalde genetische ziekten hebben of dragen. Enkele van de meest voorkomende aandoeningen zijn heupdysplasie, gezien bij honden van grote rassen, de ziekte van von Willebrand, een ziekte die de bloedplaatjes aantast en geërfd wordt bij Doberman Pinschers, entropion, een opkrullend ooglid dat gezien wordt bij Shar Peis en vele andere rassen, progressieve retinale atrofie, geërfd bij vele rassen, doofheid en epilepsie, waarvan bekend is dat het geërfd wordt bij Belgische Herdershonden, Duitse Herdershonden, Cocker Spaniels en Sint Bernards. In 2008 maakte de BBC een documentaire over de gezondheidsproblemen bij rashonden.

Overzicht hondenfokkerij

Toekomst van rashonden

De meeste Kennel Club rassen die vandaag bestaan werden gekozen uit bestaande landrassen aan het einde van de 19e eeuw. Hoe die honden er nu uitzien is echter aangepast om te passen binnen de door de rasvereniging gekozen beschrijving van hen. Om dit te doen, was selectief fokken en rigoureus afmaken nodig. Dit creëerde een genetisch knelpunt dat volgens sommige mensen het fokken met gesloten stamboeken niet levensvatbaar maakt. Suggesties voor verbetering zijn onder andere uitkruisen (stamboeken openen) en het meten en reguleren van inteelt. Er zijn fokkers die ervoor zorgen dat de honden die ze fokken niet met te veel andere honden zijn gefokt, zodat de genetische poel niet kleiner wordt doordat iedereen met een populaire vader fokt. Er zijn er ook veel die alleen maar twee "papieren" honden fokken in de veronderstelling dat dat alles is wat ze moeten doen.

De wetenschap wordt echter steeds beter en stelt fokkers in staat om te testen op genetische ziekten. Waar fokkers in het verleden alleen aangetaste dieren konden opsporen, kunnen nu DNA-testen worden uitgevoerd en kan er alleen met dieren zonder aangetaste genen worden gefokt om sterkere rassen te produceren.

Hoofdstuk 2
Canine Reproductive en werpen

Welkom bij deze uitgebreide gids over voortplanting en werpen bij honden. Deze gids leidt je door de essentiële processen en overwegingen voor een succesvolle fok- en geboorte-ervaring.

1. De voortplantingsanatomie van honden begrijpen

   Reuen:
   De primaire voortplantingsorganen zijn de testikels, die sperma en testosteron produceren.
   De penis bevat de bulbus glandis, die opzwelt tijdens het paren en zorgt voor een "band" voor effectieve voortplanting.

   Vrouwelijke honden:
   De belangrijkste organen zijn de eierstokken, baarmoeder en vagina.
   Vrouwtjes ondergaan een oestrische cyclus (loopsheid), die vier fasen kent: proestrus, estrus, diestrus en anestrus.

2. De oestrische cyclus

   Proestrus (gemiddeld 9 dagen):
   Zwelling van de vulva en bloederige afscheiding.
   Vrouwtjes trekken mannetjes aan maar zijn niet ontvankelijk.

   Estrus (5-13 dagen):
   De eisprong vindt plaats en het vrouwtje is vruchtbaar en ontvankelijk.
   De afscheiding wordt lichter en de vulva blijft gezwollen.

   Diestrus (2 maanden als ze niet zwanger is):
   De hormoonspiegels stabiliseren en de vrouw is niet langer ontvankelijk.

Anestrus (4-5 maanden):
Rustperiode voor de volgende cyclus.

3. Paring

Natuurlijk paren: Reuen en teven mogen op een natuurlijke manier met elkaar omgaan. De "das" ontstaat wanneer de bulbus glandis opzwelt, waardoor de honden tijdelijk aan elkaar vastzitten.
Kunstmatige inseminatie: Gebruikt wanneer natuurlijke dekking niet levensvatbaar is. Een dierenarts verzamelt sperma en plaatst dit in het voortplantingskanaal van de teef.

4. Zwangerschap

De dracht duurt 58-68 dagen (gemiddeld 63 dagen).
Tekenen van zwangerschap:
Vergrote buik.
Toegenomen eetlust.
Gedragsveranderingen (meer aanhankelijk of teruggetrokken).
Tepels worden groter en kunnen donkerder worden.

Bevestiging dierenarts:

Echografie (vanaf 21-25 dagen).
Röntgenfoto's (vanaf dag 45 om het aantal puppy's te beoordelen).

5. Voorbereiden op het werpen

Maak een werpkist:
Groot genoeg voor de dam om zich comfortabel uit te rekken.
Lage wanden voor gemakkelijke toegang, maar hoog genoeg om puppy's in te sluiten.
Zacht, schoon beddengoed.

Benodigdheden verzamelen: Schone handdoeken.
Verwarmingskussen (laag) of warmtelamp.
Bollenspuit (om de luchtwegen van puppy's vrij te maken). Wegwerphandschoenen.
Steriele scharen en navelklemmen.

Bewaak de dam:
Meet tijdens de laatste week tweemaal per dag de rectale temperatuur. Een daling tot 98-99°F geeft aan dat de bevalling binnen 24 uur zal beginnen.

6. Het werpproces

Fase 1: Voorbereiding (6-12 uur):

Rusteloosheid, hijgen, nestelen en verlies van eetlust.
De baarmoederhals verwijdt zich en de weeën beginnen.

Fase 2: Bevalling (6-12 uur of meer):

   Puppy's worden ongeveer 30-60 minuten na elkaar geboren.
   Elke puppy zit in een vruchtzak, die de dam moet doorbreken.

Assisteer indien nodig:

   Breek de zak voorzichtig en maak de neus en mond van de puppy vrij.
   Stimuleer de ademhaling door te wrijven met een schone handdoek.

Stadium 3: Nageboorte:

   De placenta wordt bij elke puppy uitgedreven.
   Zorg ervoor dat het moederdier niet te veel placenta's eet, want dat kan maagklachten veroorzaken.

7. Nazorg voor de Dam:
   Controleer op tekenen van infectie (vies ruikende afscheiding, koorts, lusteloosheid).
   Zorg voor voedzaam voedsel en vers water.
   Voor puppy's:
   Controleer op warmte (puppy's kunnen hun temperatuur aanvankelijk niet regelen).
   Zorg ervoor dat elke puppy binnen de eerste 2 uur zoogt om biest op te nemen.
   Let op gewichtstoename (dagelijks wegen wordt aanbevolen).

8. Problemen oplossen

   Dystocia (moeilijke geboorte):
      Zoek veterinaire hulp als:
         De bevalling duurt langer dan 2 uur zonder pup. Een puppy zit vast in het geboortekanaal.
         Groene afscheiding verschijnt zonder puppies.

   Puppyproblemen:
      Zwakke of niet-reagerende puppy's kunnen zachte stimulatie en warmte nodig hebben.

9. Langdurige zorg

   Socialiseer de puppy's vroeg en plan hun eerste dierenartsbezoek op 6-8 weken voor vaccinaties en gezondheidscontroles.
   Speen puppy's geleidelijk tussen 3-4 weken.

Door deze stappen te volgen, kun je zorgen voor een veilige en gezonde ervaring voor zowel de moeder als haar puppy's.

Neonatale zorg en puppygezondheid zijn cruciale aspecten van het fokken van honden. Hier volgen enkele overwegingen:

   Neonatale zorg:

      Temperatuurregeling: Houd de werpkist warm (rond 85-90°F) voor pasgeboren puppy's omdat ze hun lichaamstemperatuur nog niet kunnen regelen.

      Voeding: Puppy's moeten binnen een paar uur na de geboorte worden gevoed om biest te krijgen, dat essentiële antilichamen levert.

Hygiëne: Houd de werpkist schoon en droog om infecties te voorkomen.

Toezicht: Houd de puppy's in de gaten op tekenen van onrust, ziekte of groeiachterstand.

Gezondheidsoverwegingen voor puppy's:

Vaccinaties: Volg een vaccinatieschema aanbevolen door je dierenarts om puppy's te beschermen tegen veelvoorkomende ziekten.

Ontwormen: Ontworm puppy's regelmatig om darmparasieten onder controle te houden.

Voeding: Zorg voor een evenwichtige voeding die geschikt is voor hun leeftijd en ras om de groei en ontwikkeling te ondersteunen.

Socialisatie: Stel puppy's bloot aan verschillende omgevingen, mensen en ervaringen om socialisatie te bevorderen en gedragsproblemen te verminderen.

Gezondheidscontroles: Plan regelmatige gezondheidscontroles met een dierenarts om eventuele gezondheidsproblemen in een vroeg stadium op te sporen en aan te pakken.

Zorgen voor de juiste neonatale zorg en aandacht voor de gezondheid van puppy's draagt bij aan het grootbrengen van gezonde en gelukkige honden, wat essentieel is voor een succesvolle hondenfokkerij.

Voorbereiden op fokcycli en paringsprocedures

De broedcyclus begrijpen:

Leer de voortplantingscyclus en -kenmerken van het specifieke ras.

Maak jezelf vertrouwd met de vier stadia van de oestruscyclus van een hond: proestrus, estrus, diestrus en anestrus.

Controleer je vrouwelijke honden op tekenen van bereidheid, zoals gedragsveranderingen en fysieke indicatoren zoals vulva zwelling en afscheiding.

Gezondheidscontroles en genetische tests:

Plan veterinaire onderzoeken vóór het fokken om er zeker van te zijn dat beide honden in optimale gezondheid verkeren.

Genetische tests uitvoeren om mogelijke erfelijke problemen te identificeren die kunnen worden doorgegeven aan nakomelingen.

Werk vaccinaties bij en zorg ervoor dat beide honden vrij zijn van parasieten of overdraagbare ziekten.

Een fokplan maken:

Plan de ideale timing voor de dekking op basis van de loopsheidcyclus van de teef, meestal rond dag 9-14 van de oestrus.

Houd gegevens bij over de afstamming van de honden, hun gezondheidsgeschiedenis en eerdere nesten om inteelt te voorkomen.

Definieer fokdoelen, zoals het verbeteren van specifieke eigenschappen of het voldoen aan rasstandaarden.

De omgeving voorbereiden:

Richt een rustige, stressvrije ruimte in waar het paringsproces kan plaatsvinden.
Zorg ervoor dat de ruimte schoon is en vrij van afleidingen of potentiële gevaren.
Zorg voor een comfortabele plek waar het vrouwtje kan rusten na de paring.

Paringsprocedures:

Introduceer de honden in een gecontroleerde, neutrale ruimte om territoriaal gedrag te minimaliseren.
Observeer het koppelproces om te zorgen voor veiligheid en een goede hechting, vooral tijdens de afbindfase, die 5-30 minuten kan duren.
Vermijd het onderbreken van de honden tijdens het paren om stress of verwondingen te voorkomen.

Verzorging na het paren:

Controleer het vrouwtje op tekenen van zwangerschap, zoals veranderingen in eetlust, gedrag of lichamelijke conditie.

Plan een vervolgbezoek aan de dierenarts om de zwangerschap te bevestigen met een echo of palpatie.

Pas het dieet en de bewegingsroutine van de vrouw aan om een gezonde zwangerschap te ondersteunen.

Het opnemen van gedetailleerd advies, checklists en tips van ervaren fokkers kan de waarde van het hoofdstuk vergroten voor lezers die hun eigen hondenfokkerij beginnen.

Hoofdstuk 3
Gids voor
Servicehonden fokken

Het fokken van hulphonden is een doelgerichte en gespecialiseerde onderneming die een diepgaande kennis vereist van genetica, temperament en training. Hier is een gestructureerde gids om ervoor te zorgen dat je dit verantwoord en ethisch benadert:

1. De rol van hulphonden begrijpen

Hulphonden helpen mensen met een handicap door specifieke taken uit te voeren. Gebruikelijke types zijn onder andere:

Geleidehonden voor visueel gehandicapten.
Gehoorhonden voor slechthorenden.
Mobiliteitshulphonden voor lichamelijke handicaps.
Psychiatrische hulphonden voor ondersteuning van de geestelijke gezondheid.

Elke rol vereist unieke eigenschappen en uw fokprogramma moet zich richten op de juiste fysieke en gedragskenmerken.

2. Geschikte rassen selecteren

Bepaalde rassen worden vaak gebruikt vanwege hun intelligentie, temperament en trainbaarheid:

Labrador Retrievers: Vriendelijk, flexibel en gretig om te behagen.
Golden Retrievers: Intelligent en zachtaardig.
Duitse Herders: Loyaal en gedisciplineerd. Poedels: Hypoallergeen met een hoge intelligentie.

Het ras dat je kiest, moet passen bij de specifieke taken van de hulphond die je wilt ondersteunen.

3. Fokdieren beoordelen

Je fokhonden moeten de volgende kwaliteiten hebben:

    Goede gezondheid: Voer gezondheidsonderzoeken uit voor veelvoorkomende genetische aandoeningen (bijvoorbeeld heupdysplasie, oogproblemen of hartaandoeningen).
    Stabiel temperament: Vermijd honden met angst, agressie of extreme verlegenheid.
    Bewezen stamboom: Selecteer honden uit lijnen met een geschiedenis van succesvolle dienstverlenende dieren.

Ervoor zorgen dat alle honden voldoen aan de rasstandaarden en gedragsevaluaties doorstaan.

4. Temperament testen

Begin vroeg met temperamentbeoordelingen:

    Puppy Aptitude Test (PAT) op 7-8 weken: Meet nieuwsgierigheid, sociale aantrekkingskracht, geluidsgevoeligheid en schrikreactie.
    Gedragsobservaties: Kijk naar veerkracht, focus en bereidheid om te leren.

5. Potentieel voor training

Je doel is om honden te produceren met:

    Intelligentie: Snelle leerlingen die zich kunnen aanpassen aan complexe taken.
    Kalme houding: Comfort in omgevingen met veel stress.
    Socialisatievaardigheden: Vermogen om goed om te gaan met mensen en andere dieren.

Vroege socialisatie met verschillende omgevingen, geluiden en mensen is essentieel.

6. Ethische praktijken volgen

   Beperk de fokfrequentie: Bescherm de gezondheid van je fokdieren.
   Houd je aan de voorschriften: Controleer lokale, staats- en federale wetten met betrekking tot het fokken van dieren.
   Transparantie: Geef volledige gezondheids- en afstammingsgegevens aan kopers of organisaties.

7. Partner met trainers en organisaties

Samenwerking is de sleutel. Werk samen met ervaren trainers, dierenartsen en hulphondenorganisaties om:

   Zorg ervoor dat puppy's worden gekoppeld aan geschikte trainingsprogramma's.
   Krijg feedback om je fokpraktijken te verbeteren.

8. Plan voor ongeschikte honden

Niet alle puppy's voldoen aan de criteria voor hulphonden. Heb een plan voor:

   Adoptie in liefdevolle huizen.
   Alternatieve rollen: Therapie- of emotionele hulpdieren.

9. Investeer in permanente educatie Blijf op de hoogte van:

   Vooruitgang in genetica en fokpraktijken.
   Evoluerende vereisten voor hulphond taken.
   Onderzoek naar gezondheid en gedrag.

Door deze stappen te volgen, kun je een zinvolle bijdrage leveren aan het creëren van hulphonden die levens veranderen.

Hoofdstuk 4 Benodigdheden voor het fokken van honden & Uitrusting

Benodigdheden voor het fokken van honden

Rand voor huisdieren

PetEdge is een toonaangevende leverancier van groothandel in verzorgingsproducten en kortingsproducten voor huisdieren.

Pet Edge geeft je toegang tot meer dan 12.000 nationale en exclusieve PetEdge-merkproducten via hun catalogi en website.

http://goo.gl/R9DDto

ValleyVet

Of je nu op zoek bent naar medicijnen op recept, vaccins, parasietenbestrijding, afrasteringsmaterialen, zadels, een nieuw paar laarzen of iets daartussenin, kijk niet verder dan ValleyVet die meer dan 23.000 producten aanbiedt!

https://urlzs.com/hh2ro

Benodigdheden voor het fokken van honden

Exodus fokkers

Exodus Breeders biedt reproductieve benodigdheden zoals

- Kits voor inseminatie
- Benodigdheden voor bloedafname
- Canine express sperma transport
- Beheer & benodigdheden voor kennels
- Ovulatie kits en detector
- Alle plastic sterilisatiespuiten en -naalden
- Puppy reanimatie kit
- Benodigdheden voor spermawinning
- Sperma invriezen beheer

benodigdheden en nog veel meer!

https://www.exodusbreeders.com/

Benodigdheden voor het fokken van honden

A tot Z dierenarts

A to Z Vet Supply heeft meer dan 50.000 producten. Bespaar op alles wat je nodig hebt voor het fokken van honden als je rechtstreeks hondenfokbenodigdheden koopt bij A to Z Vet Supply. Ze maken het betaalbaar en gemakkelijk om een voorraad aan te leggen van hoogwaardige verzorgingsproducten, medicijnen, bodembedekking en andere kennelbenodigdheden.

A to Z Vet Supply is ook uw bron van informatie voor alle benodigdheden voor het werpen, van foksupplementen tot zwangerschapstesten en vaccins voor de puppy's.

Ze bieden ook:

- Producten tegen vlooien en teken
- D-Wormers
- Halsbanden en leases
- Supplementen / Voedingsproducten
- Trainingshulpmiddelen
- Speelgoed en traktaties
- ID-systemen

https://urlzs.com/kYMf1

Benodigdheden voor het fokken van honden

Volledige lijst van erkende hondenrassen

Amerikaanse Kennel Club

De American Kennel Club is toegewijd aan het handhaven van de integriteit van haar register, het bevorderen van de rashondensport en het fokken op type en functie. Opgericht in 1884, pleiten de AKC® en haar aangesloten organisaties voor de rashond als familievriend, bevorderen de gezondheid en het welzijn van honden, werken aan de bescherming van de rechten van alle hondeneigenaren en promoten verantwoordelijk hondenbezit.

Je kunt niet alleen een lijst krijgen van alle erkende hondenrassen, maar via deze website kun je ook:

- Producten en diensten voor hondentraining

- puppies zoeken

- Nieuwe producten

- Doe mee aan sportevenementen

- Registreer uw hond

http://www.akc.org/dog-breeds/

Benodigdheden voor het fokken van honden

Benodigdheden voor hondentraining

http://www.dog-training.com/ http://www.dog-training.com/1 http://www.dogsupplies.com/

http://www.petwholesaler.com/index.php

http://www.happytailsspa.com/

http://www.futurepet.com/

http://www.petmanufacturers.com/

http://www.k9bytesgifts.com/

http://www.kingwholesale.com/

http://www.upco.com/

Benodigdheden voor het fokken van honden

CERTIFICERINGSPROGRAMMA'S

Raad van Certificering voor Professionele Hondentrainers

De Certification Council for Professional Dog Trainers® (CCPDT®) is de toonaangevende onafhankelijke test- en certificeringsbron voor hondentrainings- en gedragsprofessionals. Ze stellen de wereldwijde norm voor de ontwikkeling van strenge examens om de beheersing van humane, op wetenschap gebaseerde hondentrainingspraktijken aan te tonen. Het is een particuliere organisatie zonder winstoogmerk.

http://www.ccpdt.org/

De vereniging van professionele hondentrainers

Of je nu net begint aan een carrière als hondentrainer, een doorgewinterde veteraan bent of gewoon probeert te beslissen hoe je het beste een hond aan je gezin kunt toevoegen, de APDT is de plek waar je het advies, de ondersteuning en de training vindt die je nodig hebt.

https://apdt.com/join/certification/

Hoofdstuk 5 Aan de slag in Stap voor stap ondernemen

Aan de slag in het bedrijfsleven

Alleen al in de Verenigde Staten zijn er meer dan dertig miljoen thuisbedrijven.

Veel mensen dromen van de onafhankelijkheid en financiële beloning van een bedrijf aan huis. Helaas laten ze zich door analyseverlamming weerhouden om actie te ondernemen. Dit hoofdstuk is bedoeld om je een routekaart te geven om te beginnen. De moeilijkste stap op elke reis is de eerste stap.

Anthony Robbins creëerde een programma dat Persoonlijke Kracht heet. Ik heb het programma lang geleden bestudeerd en vandaag zou ik het samenvatten door te zeggen dat je een manier moet vinden om jezelf te motiveren om massaal actie te ondernemen zonder angst om te falen.

2 Timoteüs 1:7 King James Version

"Want God heeft ons niet gegeven de geest van vrees, maar van kracht en liefde en een gezonde geest."

Aan de slag in het bedrijfsleven

STAP #1 MAAK EEN KANTOOR IN JE HUIS

Als je serieus geld wilt verdienen, richt dan de grot van de man of vrouw opnieuw in en maak een plek waar je ongestoord zaken kunt doen.

STAP #2 BUDGETTEER TIJD VOOR JE BEDRIJF

Als je al een baan hebt, of als je kinderen hebt, dan kunnen ze een groot deel van je tijd in beslag nemen. Om nog maar te zwijgen van goedbedoelende vrienden die de telefoon gebruiken om tijd te stelen. Budgetteer tijd voor je bedrijf en houd je eraan.

STAP #3 BEPAAL HET TYPE BEDRIJF

Je hoeft niet star te zijn, maar begin met het doel voor ogen. Je kunt flexibeler worden naarmate je meer ervaring krijgt.

Aan de slag in het bedrijfsleven

STAP #4 RECHTSVORM VOOR JE BEDRIJF

De drie basisrechtsvormen zijn eenmanszaak, maatschap en vennootschap. Elke vorm heeft zo zijn voordelen. Ga naar www.Sba.gov en kom meer te weten over elke rechtsvorm en neem een beslissing.

STAP #5 KIES EEN BEDRIJFSNAAM EN REGISTREER DEZE

Een van de veiligste manieren om een bedrijfsnaam te kiezen is door je eigen naam te gebruiken. Door je eigen naam te gebruiken hoef je je geen zorgen te maken over schendingen van auteursrechten.

Raadpleeg echter altijd een advocaat of de juiste juridische instantie als je met juridische zaken te maken hebt.

Aan de slag in het bedrijfsleven

STAP #6 SCHRIJF EEN ONDERNEMINGSPLAN

Dit lijkt vanzelfsprekend. Wat je ook probeert te bereiken, je moet een blauwdruk hebben. Je moet een businessplan hebben. In de NFL worden elk seizoen ongeveer zeven hoofdcoaches ontslagen. Dus in een zeer competitieve business werd een man zonder ervaring als hoofdcoach aangenomen door de Philadelphia Eagles van de NFL. Zijn naam was Andy Reid. Andy Reid zou later de meest succesvolle coach in de geschiedenis van het team worden. Een van de redenen dat de eigenaar hem inhuurde, was omdat hij een businessplan had zo groot als een telefoonboek. Je ondernemingsplan hoeft lang niet zo groot te zijn, maar als je zoveel mogelijk plant, zul je minder snel in de war raken als dingen niet gaan zoals gepland.

STAP #7 JUISTE LICENTIES EN VERGUNNINGEN

Ga naar het gemeentehuis en zoek uit wat je moet doen om een bedrijf aan huis te beginnen.

Aan de slag in het bedrijfsleven

STAP #8 ZET EEN WEBSITE OP, KIES VISITEKAARTJES, BRIEFPAPIER, BROCHURES

Dit is een van de minst dure manieren om niet alleen je bedrijf te starten, maar ook om je bedrijf te promoten en te netwerken.

STAP #9 EEN ZAKELIJKE BETAALREKENING OPENEN

Met een aparte bedrijfsrekening is het veel gemakkelijker om winst en uitgaven bij te houden. Dit is handig, of je nu besluit om je eigen belastingen te doen of een professional in te huren.

STAP #10 ONDERNEEM VANDAAG NOG ACTIE!

Dit is niet bedoeld als een allesomvattend plan om een bedrijf te starten. Het is bedoeld om je in de juiste richting te wijzen om te beginnen. Je kunt naar de Small Business Administration gaan voor veel gratis informatie over het starten van een bedrijf. Ze hebben zelfs een programma (SCORE) dat je toegang geeft tot veel gepensioneerde professionals die je gratis advies geven!

Hun website: **www.score.org**

Hoofdstuk 6 Beste manier om een boek te schrijven Bedrijfsplan

Een ondernemingsplan schrijven

Miljoenen mensen willen weten wat het geheim is van geld verdienen. De meesten zijn tot de conclusie gekomen dat het is om een bedrijf te beginnen. Maar hoe begin je een bedrijf? Het eerste wat je moet doen om een bedrijf te starten is een ondernemingsplan maken.

Een ondernemingsplan is een formele verklaring van een reeks zakelijke doelen, de redenen waarom ze haalbaar worden geacht en het plan om die doelen te bereiken. Het kan ook achtergrondinformatie bevatten over de organisatie of het team dat deze doelen probeert te bereiken.

Een professioneel ondernemingsplan bestaat uit acht delen.

1. Samenvatting

De samenvatting is een heel belangrijk onderdeel van je ondernemingsplan. Velen beschouwen het als het belangrijkste onderdeel omdat dit deel van je plan een samenvatting geeft van de huidige staat van je bedrijf, waar je naartoe wilt en waarom het ondernemingsplan dat je hebt gemaakt een succes zal worden. Wanneer je fondsen aanvraagt om je bedrijf te starten, is de samenvatting een kans om de aandacht van een mogelijke investeerder te krijgen.

Een ondernemingsplan schrijven

2. Bedrijfsomschrijving

Het onderdeel bedrijfsbeschrijving van je ondernemingsplan geeft een overzicht op hoog niveau van de verschillende aspecten van je bedrijf. Dit is als een korte samenvatting van je elevator pitch die lezers en mogelijke investeerders kan helpen om snel te begrijpen wat het doel van je bedrijf is en waarin het zich zal onderscheiden, of welke unieke behoefte het zal vervullen.

3. Marktanalyse

Het marktanalysegedeelte van je ondernemingsplan moet in detail ingaan op de markt en het geldpotentieel van je bedrijfstak. Je moet gedetailleerd onderzoek laten zien met logische strategieën voor marktpenetratie. Ga je lage prijzen of hoge kwaliteit gebruiken om de markt te penetreren?

4. Organisatie en beheer

Na de Marktanalyse volgt het gedeelte Organisatie en management. Dit deel van het ondernemingsplan bevat de organisatiestructuur van je bedrijf, het type bedrijfsstructuur, de eigendomsverhoudingen, het managementteam en de kwalificaties van iedereen die deze posities bekleedt, inclusief de raad van bestuur indien nodig.

Een ondernemingsplan schrijven

5. Service- of productlijn

Het onderdeel Service of Product Line van je ondernemingsplan geeft je de kans om je dienst of product te beschrijven. Richt je meer op de voordelen voor de klanten dan op wat het product of de dienst doet. Bijvoorbeeld, een airconditioner maakt koude lucht. Het voordeel van het product is dat het afkoelt en het de klanten comfortabeler maakt, of ze nu in druk verkeer rijden of ziek zijn en in een verpleeghuis zitten. Airconditioners voorzien in een behoefte die het verschil tussen leven en dood kan betekenen. Gebruik dit gedeelte om aan te geven wat de belangrijkste voordelen van je product of dienst zijn en in welke behoefte het voorziet.

6. Marketing en verkoop

Een bewezen marketingplan is essentieel voor het succes van elk bedrijf. Tegenwoordig domineert online verkoop de markt. Presenteer een sterk internetmarketingplan en een plan voor sociale media. YouTube-video's, Facebook-advertenties en persberichten kunnen allemaal deel uitmaken van je internetmarketingplan. Het uitdelen van flyers en visitekaartjes is nog steeds een effectieve manier om potentiële klanten te bereiken.

Gebruik dit deel van je ondernemingsplan om je verwachte verkoopcijfers te vermelden en hoe je tot dat cijfer bent gekomen. Doe onderzoek naar vergelijkbare bedrijven voor mogelijke statistieken over verkoopcijfers.

Een ondernemingsplan schrijven

7. Financieringsaanvraag

Wanneer je je financieringsaanvraag in je ondernemingsplan schrijft, zorg er dan voor dat je gedetailleerd bent en documentatie hebt over de kosten van benodigdheden, ruimte in het gebouw, transport, overhead en promotie van je bedrijf.

8. Financiële prognoses

Hieronder volgt een lijst met belangrijke financiële overzichten die je in je businessplanpakket moet opnemen.

Historische financiële gegevens

Je historische financiële gegevens zijn bankafschriften, balansen en mogelijk onderpand voor je lening.

Prospectieve financiële gegevens

Het gedeelte met prospectieve financiële gegevens van je ondernemingsplan moet je potentiële groei binnen je bedrijfstak laten zien, waarbij je een projectie maakt voor ten minste de komende vijf jaar.

Je kunt maandelijkse of driemaandelijkse projecties maken voor het eerste jaar. Projecteer vervolgens van jaar tot jaar.

Voeg een ratio- en trendanalyse toe aan al je financiële overzichten. Gebruik kleurrijke grafieken om positieve trends uit te leggen, als onderdeel van het financiële projectiegedeelte van je ondernemingsplan.

Een ondernemingsplan schrijven

Bijlage

De bijlage mag geen deel uitmaken van de hoofdtekst van je ondernemingsplan. Het mag alleen worden verstrekt op een need-to-know basis. Je ondernemingsplan kan door veel mensen gezien worden en je wilt niet dat bepaalde informatie voor iedereen beschikbaar is. Kredietverstrekkers kunnen dergelijke informatie nodig hebben, dus je moet een bijlage klaar hebben voor het geval dat.

De bijlage zou het volgende bevatten:

Krediethistorie (persoonlijk en zakelijk)

CV's van managers Productfoto's

Referentiebrieven Details

van marktonderzoeken

Relevante tijdschriftartikelen of boekverwijzingen

Licenties, vergunningen of patenten

Juridische

documenten

Kopieën van

huurcontracten

Een ondernemingsplan schrijven

Bouwvergunningen

Contracten

Lijst van bedrijfsadviseurs, inclusief advocaat en accountant

Houd bij wie je bedrijfsplan mag inzien.

Neem een Private Placement Disclaimer op. Een Private Placement Disclaimer is een private placement memorandum (PPM) is een document dat voornamelijk gericht is op de mogelijke nadelen van een investering.

Hoofdstuk 7 Bedrijfsverzekeringen

BEDRIJFSVERZEKERING

Raadpleeg een advocaat voor al je zakelijke aangelegenheden.

In het begin van de jaren negentig kocht een oudere vrouw een hete kop koffie bij een Drive Thru-etalage van McDonald's in Albuquerque. Ze morste de koffie en liep derdegraads brandwonden op. Ze klaagde Mcdonald's aan en won. Ze won 2,7 miljoen dollar als schadevergoeding. Het vonnis ging in beroep en de schikking wordt geschat op ergens in de buurt van 500.000 dollar. En dat allemaal omdat ze koffie in haar schoot morste terwijl ze suiker en room probeerde toe te voegen.

Twee mannen in Ohio waren tapijtleggers. Ze liepen ernstige brandwonden op toen een anderhalve liter blik tapijtlijm in brand vloog toen de warmwaterboiler waar het naast stond werd aangezet. Ze vonden het waarschuwingsetiket op de achterkant van het blik onvoldoende. Dus spanden ze een rechtszaak aan tegen de lijmfabrikanten en kregen negen miljoen dollar toegewezen.

Een vrouw in Oklahoma kocht een gloednieuwe Winnebago. Terwijl ze ermee naar huis reed, zette ze de cruisecontrol op 70 mijl per uur. Ze verliet toen de bestuurdersstoel om achterin de camper koffie of een broodje te maken.

BEDRIJFSVERZEKERING

Het voertuig verongelukte en de vrouw klaagde Winnebago aan omdat ze haar niet had verteld dat cruisecontrol het voertuig niet bestuurt. Ze won 1,7 miljoen dollar en het bedrijf moest de handleiding herschrijven.

Helaas zijn alle drie de schandalige rechtszaken echt. Als je een bedrijf runt, welk bedrijf dan ook, moet je overwegen jezelf te beschermen met een beroepsaansprakelijkheidsverzekering, ook bekend als een E & O-verzekering (Errors and Omissions).

Dit type verzekering kan je helpen beschermen tegen het betalen van de volledige kosten om jezelf te verdedigen tegen een vordering wegens nalatigheid.

Fouten en weglatingen kunnen je beschermen tegen claims die meestal niet gedekt worden door een gewone aansprakelijkheidsverzekering. Deze verzekeringen dekken meestal lichamelijk letsel of schade aan eigendommen. Fouten en weglatingen kunnen je beschermen tegen nalatigheid en ander geestelijk leed, zoals onjuist advies of een verkeerde voorstelling van zaken. Strafrechtelijke vervolging is niet gedekt.

Fouten- en Omniumverzekering wordt aanbevolen voor notarissen, makelaars in onroerend goed of investeerders en professionals zoals: software-ingenieurs, advocaten, huisinspecteurs, websiteontwikkelaars en landschapsarchitecten om maar een paar beroepen te noemen.

BEDRIJFSVERZEKERING

De meest voorkomende claims voor fouten en omissies:

%25 Schending van fiduciaire plicht

%15 Contractbreuk

%14 Nalatigheid

%13 Verzuim om toezicht te houden

%11 Ongeschiktheid

%10 Andere

BEDRIJFSVERZEKERING

Dingen die je moet weten of nodig hebt voordat je een Errors and Omission-polis aanschaft is...

* Wat is de aansprakelijkheidslimiet

* Wat is het eigen risico?

* Is FDD First Dollar Defense inbegrepen - wat de verzekeringsmaatschappij verplicht om een zaak aan te vechten zonder eerst een eigen risico te betalen.

* Heb ik een Tail-end dekking of Extended Reporting Coverage (verzekering die doorloopt tot na mijn pensionering)?

* Uitgebreide dekking voor werknemers

* Cyber Aansprakelijkheidsdekking

* Department of Labor (Ministerie van Arbeid) Fiduciaire dekking

* Insolventiedekking

Als je een Fouten- en Omissieverzekering hebt, verleng deze dan op de dag dat hij verloopt. Je moet oppassen dat je geen gaten in je dekking laat vallen, anders kan dit ertoe leiden dat je polis niet wordt verlengd.

BEDRIJFSVERZEKERING

Enkele aanbieders van E & O-verzekeringen:

Verzekeren op

Insureon geeft aan dat hun gemiddelde Fouten en Verzuim verzekering ongeveer $750 per jaar of ongeveer $65 per maand kost. De prijs hangt natuurlijk af van je bedrijf, de polis die je kiest en andere risicofactoren.

https://www.insureon.com/home

EOforless

EOforless.com helpt verzekerings-, investerings- en vastgoedprofessionals om E & O-verzekeringen te kopen tegen een betaalbare prijs in vijf minuten of minder.

https://www.eoforless.com/

BEDRIJFSVERZEKERING

CalSurance Medewerkers

Als toonaangevende verzekeringsmakelaar heeft CalSurance Associates, een divisie van Brown & Brown Program Insurance Services, Inc. meer dan vijftig jaar ervaring met het leveren van uitgebreide verzekeringsproducten, uitzonderlijke service en bewezen resultaten aan meer dan 150.000 verzekerden. Ze bieden professionals in het hele land en in meerdere bedrijfstakken, waaronder enkele van de grootste financiële instellingen en verzekeringsmaatschappijen in de Verenigde Staten.

http://www.calsurance.com/csweb/index.aspx

Beter veilig dan spijt

Verzekering is een van de verborgen kosten van het zakendoen. Dit zijn slechts een paar bedrijven en een kort overzicht van zakelijke verzekeringen. Zorg ervoor dat je met een advocaat of een gekwalificeerde verzekeringsagent praat voordat je een beslissing neemt over een verzekering. Bescherm jezelf en je bedrijf. In veel staten zijn bedrijfsverzekeringen niet verplicht. Maar als je de kosten van sommige schikkingen ziet, is het beter om het zekere voor het onzekere te nemen.

Hoofdstuk 8
Goudmijn van overheidssubsidies

Hoe schrijf je een winnend subsidievoorstel?

Goudmijn van overheidssubsidies

Overheidssubsidies. Veel mensen geloven niet dat overheidssubsidies bestaan of ze denken dat ze nooit overheidssubsidie zullen kunnen krijgen.

Laten we eerst één ding duidelijk maken. Subsidiegeld van de overheid is **UW GELD**. Overheidsgeld komt van belastingen die door de inwoners van dit land worden betaald.
Afhankelijk van de staat waarin je woont, betaal je belasting op bijna alles.... Onroerendezaakbelasting voor je huis. Onroerendezaakbelasting op je auto. Belasting op de dingen die je in het winkelcentrum of bij het benzinestation koopt. Belasting op je benzine, het eten dat je koopt, enz.

Zorg er dus voor dat je geen liefdadigheidsgeval bent of te trots om hulp te vragen, want miljardairs zoals GM, grote banken en het grootste deel van Corporate America aarzelen niet om hun deel van **JOUW GELD** te krijgen!

Er zijn meer dan tweeduizend driehonderd (2300) hulpprogramma's van de federale overheid. Sommige zijn leningen, maar veel zijn formulesubsidies en projectsubsidies. Ga naar om alle beschikbare programma's te bekijken:

https://beta.sam.gov/help/assistance-listing

EEN SUBSIDIEVOORSTEL SCHRIJVEN

De basisonderdelen van een voorstel

Er zijn acht basiscomponenten voor het maken van een solide voorstelpakket:

1. De samenvatting van het voorstel;

2. Introductie van organisatie;

3. De probleemstelling (of behoeftebeoordeling);

4. Projectdoelstellingen;

5. Projectmethoden of -ontwerp;

6. Projectevaluatie;

7. Toekomstige financiering; en

8. Het projectbudget.

EEN SUBSIDIEVOORSTEL SCHRIJVEN

De samenvatting van het voorstel

De samenvatting van het voorstel is een samenvatting van de doelen en doelstellingen van het project. Houd de samenvatting van het voorstel kort en bondig. Niet meer dan 2 of 3 alinea's. Zet het aan het begin van het voorstel.

Inleiding

Het introductiegedeelte van je subsidievoorstel presenteert jou en je bedrijf als een geloofwaardige aanvrager en organisatie.

Benadruk de prestaties van je organisatie uit alle bronnen: krantenartikelen, online artikelen, enz. Voeg een biografie toe van de belangrijkste leden en leiders.
Vermeld de doelen en filosofie van het bedrijf.

De probleemstelling

De probleemstelling maakt duidelijk welk probleem je gaat oplossen (misschien dakloosheid verminderen). Zorg ervoor dat je feiten gebruikt. Geef aan wie en hoe de betrokkenen zullen profiteren van het oplossen van het probleem. Geef precies aan hoe je het probleem gaat oplossen.

EEN SUBSIDIEVOORSTEL SCHRIJVEN

Projectdoelstellingen

Het gedeelte Projectdoelstellingen van je subsidievoorstel richt zich op de Doelen en het Gewenste resultaat.

Zorg ervoor dat je alle doelen identificeert en hoe je deze doelen gaat bereiken. Hoe meer statistieken je kunt vinden om je doelstellingen te ondersteunen, hoe beter. Zorg ervoor dat je realistische doelen stelt. Je kunt worden beoordeeld op hoe goed je bereikt wat je zei dat je van plan was te doen.

Programmamethoden en -ontwerp

Het gedeelte over programmamethoden en -ontwerp van je subsidievoorstel is een gedetailleerd actieplan.

> Welke middelen er gebruikt gaan worden. Welk personeel is er nodig?
>
> Systeemontwikkeling.
>
> Maak een stroomschema van de kenmerken van het project. Leg uit wat er zal worden bereikt.
>
> Probeer te bewijzen wat er bereikt zal worden.
>
> Maak een schema van het programmaontwerp.

EEN SUBSIDIEVOORSTEL SCHRIJVEN

Evaluatie

Er is een productevaluatie en een procesevaluatie. De productevaluatie gaat over de resultaten die betrekking hebben op het project en hoe goed het project zijn doelstellingen heeft gehaald.

De procesevaluatie gaat over hoe het project is uitgevoerd, hoe het overeenkwam met het oorspronkelijke plan en de algemene effectiviteit van de verschillende aspecten van het plan.

Evaluaties kunnen op elk moment tijdens het project of aan het einde van het project starten. Het wordt aangeraden om een evaluatieontwerp in te dienen aan het begin van een project.

Het ziet er beter uit als je overtuigende gegevens hebt verzameld voor en tijdens het programma.

Als het evaluatieontwerp niet aan het begin wordt gepresenteerd, kan dat een kritische beoordeling van het programmaontwerp stimuleren.

Toekomstige financiering

Het onderdeel Toekomstige financiering van het subsidievoorstel moet een projectplanning voor de lange termijn bevatten die verder gaat dan de subsidieperiode.

EEN SUBSIDIEVOORSTEL SCHRIJVEN
Budget

Nutsvoorzieningen, huurmateriaal, personeel, salaris, eten, vervoer, telefoonrekeningen en verzekeringen zijn slechts enkele van de dingen die je in je budget moet opnemen.

Een goed opgebouwd budget houdt rekening met elke cent.

Voor een complete gids voor overheidssubsidies google

catalogus van federale binnenlandse hulp. Je kunt een volledige PDF-versie van de catalogus downloaden.

Andere bronnen van overheidsfinanciering

Je kunt algemene leningen voor kleine bedrijven krijgen van de overheid. Ga naar de Small Business Administration voor meer informatie.

SBA microlening-programma

Het microleningprogramma verstrekt leningen tot $50.000 met een gemiddelde lening van $13.000.

https://www.sba.gov/

EEN SUBSIDIEVOORSTEL SCHRIJVEN

Onlangs kreeg miljardair Elon Musk 4,9 miljard dollar aan overheidssubsidies. Als je aarzelt om overheidssteun te vragen, laat dat dan even bezinken. Een miljardair die weinig belasting betaalt, kreeg miljarden van jouw belastinggeld.

Overheidssubsidies bestaan echt. Net als alles wat de moeite waard is, moet je er moeite voor doen en aan kwalificaties voldoen om ze te krijgen.

Hoofdstuk 9
Kolossaal geld uit Crowdfunding

Crowdfunding Crowdsourcing

In 2015 werd meer dan 34 miljard dollar opgehaald door crowdfunding. Crowdfunding en Crowdsourcing zijn ontstaan in 2005 en helpen bij de financiering van projecten door geld in te zamelen bij een groot aantal mensen, meestal via het internet.

Deze vorm van fondsenwerving of durfkapitaal heeft meestal 3 componenten. Het individu of de organisatie met een project dat financiering nodig heeft, groepen mensen die doneren aan het project, en een organisatie zet een structuur of regels op om de twee samen te brengen.

Deze websites brengen kosten in rekening. De standaardvergoeding voor succes is ongeveer %5. Als je doel niet wordt bereikt, wordt er ook een vergoeding gevraagd.

Hieronder vindt u een lijst met de beste crowdfundingwebsites volgens mijzelf en Entrepreneur Magazine-medewerker Sally Outlaw.

Crowdfunding Crowdsourcing

https://www.indiegogo.com/

Begonnen als een platform om films te laten maken, helpt het nu om fondsen te werven voor welk doel dan ook.

http://rockethub.com/

Begonnen als een platform voor de kunsten, helpt het nu fondsen te werven voor het bedrijfsleven, de wetenschap, sociale projecten en het onderwijs.

http://peerbackers.com/

Peerbackers richt zich op het werven van fondsen voor bedrijven, ondernemers en vernieuwers.

https://www.kickstarter.com/

De populairste en bekendste van alle crowdfundingwebsites. Kickstarter richt zich op film, muziek, technologie, gaming, design en creatieve kunsten. Kickstarter accepteert alleen projecten uit de Verenigde Staten, Canada en het Verenigd Koninkrijk.

Crowdfunding Crowdsourcing

Groep Growvc

http://group.growvc.com/

Deze website is bedoeld voor bedrijfs- en technologische innovatie.

https://microventures.com/

Krijg toegang tot investeerders. Deze website is voor startende bedrijven.

https://angel.co/

Nog een website voor startende bedrijven.

https://circleup.com/

Circle up is voor innovatieve consumentenbedrijven.

https://www.patreon.com/

Als je een YouTube-kanaal begint (sterk aanbevolen), zul je vaak over deze website horen. Deze website is voor creatieve contentmensen.

Crowdfunding Crowdsourcing

https://www.crowdrise.com/

"Zamel geld in voor elk doel dat jou inspireert." De slogan van de landingspagina spreekt voor zich. #Nummer 1 fondsenwervingswebsite voor persoonlijke doelen.

https://www.gofundme.com/

Deze fondsenwervingswebsite is geschikt voor bedrijven, liefdadigheid, onderwijs, noodgevallen, sport, medisch, gedenktekens, dieren, geloof, familie, pasgetrouwden enzovoort.

https://www.youcaring.com/

De leider in gratis fondsenwerving. Meer dan $400 miljoen opgehaald.

https://fundrazr.com/

FundRazr is een bekroond online fondsenwervingsplatform dat duizenden mensen en organisaties heeft geholpen geld in te zamelen voor doelen waar ze om geven.

Hoofdstuk 10
Marketing Hoe bereik je gratis een miljard mensen!

Hoe bereik je gratis een miljard mensen!

Marketing is essentieel voor het succes van je koffiezaak. In de zakenwereld van vandaag hoeft marketing niet duur te zijn. Met sociale media en grote zoekmachines zoals Google en YouTube kun je je bedrijf bij miljoenen mensen onder de aandacht brengen zonder dat het een fortuin kost.

MARKETING ZONDER KOSTEN

Hoewel er veel manieren zijn om marketing te bedrijven, richten we ons hier alleen op NULKOSTENMARKETING. Je bent aan het opstarten. Je kunt altijd voor de duurdere manieren van marketing kiezen als je bedrijf eenmaal inkomsten produceert.

GRATIS WEBHOSTING

Neem een gratis website. Je kunt een gratis website krijgen op weebly.com of wix.com. Of typ gewoon "gratis webhosting" in een zoekmachine van Google, Bing of Yahoo.

Gratis webhosting is iets wat je om verschillende redenen kunt gebruiken. Veel gratis webhostingsites voegen echter een extensie toe aan de naam van je webadres waardoor iedereen weet dat je hun diensten gebruikt. Om deze reden wil je uiteindelijk opschalen als je eenmaal begint met het maken van inkomsten.

Hoe bereik je gratis een miljard mensen!

GOEDKOPE BETAALDE WEBHOSTING

Gratis is leuk, maar als je je bedrijf wilt uitbreiden kun je het beste voor een betaalde webhostingservice kiezen. Er zijn er verschillende die je een goede prijs geven voor minder dan $10,00 per maand.

1. Yahoo kleinbedrijf
2. Intuit.nl
3. ipage.nl
4. Hostgator.nl
5. Godaddy.com

Yahoo small business biedt onbeperkte webpagina's en is waarschijnlijk de beste algemene waarde, maar ze vereisen een jaar vooruitbetaling. Bij Intuit kun je maandelijks betalen.

Voor gratis e-commerce op je website open je een Paypal-account en krijg je gratis de HTML-code voor betaalknoppen. Plaats die knoppen vervolgens op uw website.

Hoe bereik je gratis een miljard mensen!

Stap 1 gratis internetmarketing

Nu je website in de lucht is, moet je hem registreren bij ten minste de top 3 zoekmachines. 1. Google 2. Bing 3. Yahoo.

Stap 2 internetmarketing tegen nulkosten

Schrijf **een persbericht** en stuur het in. Google "free press release sites" voor persberichtensites waar je gratis persberichten kunt samenstellen. Als je niet weet hoe je een persbericht moet schrijven, ga dan naar www.fiverr.com en besteed het werk uit voor slechts $5,00 !!!

Stap 3 internetmarketing tegen nulkosten

Schrijf artikelen en dien ze in op artikelmarketingwebsites zoals **ezinearticles.com.**

Stap 4 internetmarketing tegen nulkosten

Maak video's en stuur ze naar sites voor het delen van video's zoals dailymotion.com of **youtube.com.** Zorg ervoor dat je een hyperlink naar je website opneemt in de beschrijving van je video's.

Stap 5 internetmarketing tegen nulkosten

Meld je website aan bij **dmoz.org.** Dit is een enorme open directory waar veel kleinere zoekmachines naartoe gaan om websites voor hun database te krijgen.

Hoe bereik je gratis een miljard mensen!

YouTube heeft meer dan een miljard gebruikers. Misschien heb je al een YouTube-kanaal en ben je goed in het maken van video's. Maar als je niet bekend bent met het maken en uploaden van video's naar YouTube, kun je naar de website .... gaan.

fiverr

https://www.fiverr.com/

https://goo.gl/R9x7NU

https://goo.gl/B7uF4L

https://goo.gl/YZ6VdS

https://goo.gl/RoPurV

Op fiverr kun je snel en eenvoudig een YouTube-video laten maken voor maar $5,00.
> (momenteel wordt er ook $1 servicekosten in rekening gebracht)

Dus voor minder dan een bioscoopkaartje kun je 24 uur per dag en 7 dagen per week een commercial voor je vastgoed of bedrijf laten draaien.

Zodra de video is geüpload, moet je weten hoe je mensen je video kunt laten bekijken. Dat is waar SEO zoekmachine optimalisatie om de hoek komt kijken.

Hoe bereik je gratis een miljard mensen!

Je video gezien krijgen

YouTube ziet elke interactie die de kijker met je video aangaat als een teken dat je video interessant is. Dus een duim omhoog of een like zal de ranking van je video verhogen.

Commentaar van kijkers kan een video een boost geven in de zoekresultaten. Dus een tip om een kijker een reactie te laten achterlaten is om te zeggen "Ik ben benieuwd wat jij denkt over (onderwerp invoegen). Een andere manier om commentaar van kijkers te krijgen is om een video te maken over wapenwetten, rassenverhoudingen, abortusrechten of een ander controversieel onderwerp.

YouTube kan elke keer dat je een video uploadt een bericht sturen naar al je abonnees. Dus hoe meer abonnees je hebt, hoe groter de kans dat je video wordt bekeken, en bekeken video's helpen om hoger in de zoekresultaten van YouTube te komen.

Je kijker een link laten delen op hun sociale mediapagina's is wat ervoor zorgt dat onze video viraal gaat. Goede of onderhoudende inhoud is de sleutel. Het kan ook geen kwaad om de kijker gewoon te vragen om het te doen.

In plaats van elke video hetzelfde te zeggen, kun je een "close" video maken en deze uploaden naar YouTube. Vervolgens kun je de YouTube-editor gebruiken om het toe te voegen aan elke video die je uploadt.

Hoe bereik je gratis een miljard mensen!

Zoekmachine optimalisatie (SEO) is de term die wordt gebruikt voor de technieken die worden gebruikt om verkeer naar je video te leiden. Veel mensen gebruiken tactieken die tegen de regels van YouTube ingaan om verkeer naar hun video's te leiden. Deze worden "Black Hat" genoemd. Er zijn veel websites waar je views voor je video's kunt kopen. Ik raad je aan om weg te blijven van alle mogelijke onethische tactieken. Haal je views organisch binnen.

Je kunt je video beginnen met goed verkeer door hem als link te sturen naar alle mensen naar wie je regelmatig mailt.

Google Hulpmiddel voor trefwoorden

Je begint je SEO door de Google Keyword Tool te gebruiken. Ga naar

https://adwords.google.com/KeywordPlanner

Zodra je daar bent, typ je je belangrijkste zoekwoord of zoekwoordzin in. Google geeft je dan ongeveer 700-1200 resultaten waarvan het denkt dat ze relevant zijn voor je oorspronkelijke trefwoord of zin. Het selecteren van de juiste trefwoorden voor je video is de sleutel tot het ranken van je video's.

Hoe bereik je gratis een miljard mensen!

Hoe u uw zoekwoorden selecteert

Zodra je 700 resultaten hebt, kun je de resultaten sorteren op relevantie. Dit geeft je een grote kans om te scoren op het oorspronkelijke zoekwoord of de oorspronkelijke zin die je hebt ingevoerd.

Je kunt je resultaten sorteren op concurrentie. Je kunt zoekwoorden of zinnen met een lage concurrentie kiezen om je kansen op een rangschikking te vergroten. De zoekwoorden met weinig concurrentie hebben meestal minder zoekopdrachten "per maand", maar een combinatie van een paar rankings kan soms beter zijn dan één zoekwoord.

Artikel Marketing

Ezine Articles is een van de top Artikel Marketing sites op het internet. Je kunt gratis lid worden op http://ezinearticles.com/. Zodra je lid bent, kun je artikelen uploaden naar deze website die relevant zijn voor je YouTube-video. Ezine geeft je de mogelijkheid om een link in je artikel te plaatsen. De link kan teruggaan naar je YouTube verkeer en de views drastisch verhogen.

Wanneer je je artikel schrijft, moet je proberen om zoveel mogelijk overeen te komen met je YouTube-video. Gebruik zoveel mogelijk dezelfde koppen, titels en beschrijvingen. YouTube en Google houden van relevantie.

Hoe bereik je gratis een miljard mensen!

Je artikel moet tussen de 700 en 800 woorden zijn. Dit is ongeveer de grootte die veel blogs prefereren. Zodra je artikel is geüpload op Ezine Articles, kan het worden opgepikt door elke website ter wereld. Ik had eens een artikel over marketingfotografie dat door bijna 800 blogs over de hele wereld werd opgepikt. Velen van hen lieten de link in het artikel staan, waardoor tonnen verkeer naar mijn video's of website werd getrokken.
Niet alle blogs zijn ethisch en veel blogs zullen je link verwijderen om verkeer op hun website te houden. Velen zullen ook jouw link vervangen door die van hen. Je weet het pas als je het probeert.

Persberichten

Een van de krachtigste manieren om het verkeer naar je video's te vergroten is het schrijven en versturen van een persbericht. Als je nog nooit een persbericht hebt geschreven, laat je dan niet intimideren. Je kunt naar een website www.fiverr.com gaan en een persbericht laten schrijven voor maar $5,00!

Als je het persbericht zelf wilt schrijven, volgen hier enkele tips.

Het basisformaat is 3 alinea's op één pagina, voor onmiddellijke publicatie. Tenzij het gaat om een datum zoals een feestdag, dan kun je de publicatie door de redacteur laten uitstellen.

Hoe bereik je gratis een miljard mensen!

De kop moet de aandacht trekken. Als je de aandacht van de redacteur niet trekt, wordt de rest van het persbericht niet gelezen. Ga naar websites met persberichten en bekijk persberichten die zijn gepubliceerd en bestudeer de koppen en de juiste opmaak.

Nadat je je kop hebt gemaakt, schrijf je 3 alinea's. De eerste alinea is een korte samenvatting van waar je verhaal over gaat. "Maar ik heb zoveel te vertellen dat ik het niet in een korte alinea kan samenvatten." De revolutionaire oorlog heeft een heleboel geweldige verhalen.
Er zijn hele films van 2 uur over gemaakt. Hier volgt een beschrijving van die gebeurtenissen in twee zinnen. De toekomstige koloniën van de Verenigde Staten vochten tegen de Britten. De koloniën wonnen!

Paragraaf twee is de beschrijving van je verhaal. Houd het in de vorm van een nieuwsbericht. Probeer niet te verkopen in je persbericht. Amusementsprogramma's zijn er goed in om een beroemdheid binnen te halen, een kleine opname te maken en dan het interview te beëindigen met een pitch of plug voor hun product of doel...

Alinea drie is je oproep tot actie. "Bel voor meer informatie over hoe je de slachtoffers van dipsy-doodle-itis kunt helpen 555-1212 of klik op deze link."

Op de meeste persberichtenwebsites kun je ten minste één link in je persbericht plaatsen.

Hoe bereik je gratis een miljard mensen!

Hier is een lijst met de top vijf van gratis websites voor persberichten:

Top Gratis Persbericht Websites

https://www.prlog.org

https://www.pr.com

https://www.pr-inside.com

https://www.newswire.com

https://www.OnlinePRNews.com

Hoe bereik je gratis een miljard mensen!

Websites voor sociale media

Wanneer je je video's uploadt naar YouTube, moet je je eigen video becommentariëren en liken. Zodra je je eigen video leuk vindt, geeft YouTube je de optie om de video te linken naar krachtige sociale media websites. Je moet dus lid worden van deze websites voordat je je video's uploadt. Hieronder vind je een lijst met een aantal social media-websites waarbij je je moet aansluiten. Wanneer je jouw video's koppelt aan deze websites, creëer je een backlink naar een hoog gewaardeerde website, die op zijn beurt meespeelt in het algoritme van YouTube en Google om te bepalen welke video als relevant en populair wordt beschouwd.

Sociale media-websites

https://www.facebook.com

https://www.tumbler.com

https://www.pinterest.com

https://www.reddit.com

https://www.linkedin.com/

http://digg.com/

https://twitter.com

https://plus.google.com/

Hoe bereik je gratis een miljard mensen!

Tot slot is een van de meest succesvolle marketingmethoden die tegenwoordig wordt gebruikt "Permission Marketing". Dat is waar je een potentiële klant zover krijgt dat hij je zijn e-mailadres geeft, en dus toestemming om hem op de markt te brengen.

Je hebt een marketingautomatiseringsplatform en een e-mailmarketingservice nodig. Deze bedrijven slaan je e-mails op en versturen ze.

Getresponse, MailChimp en Aweber zijn enkele van de populairdere autoresponderbedrijven voor e-mailopslag.

Om een e-maillijst op te bouwen moet je meestal een gratis product, rapport of boek aanbieden in ruil voor het e-mailadres. Vervolgens stuur je ze naar een webpagina die het e-mailadres vastlegt en opslaat.

Hoofdstuk 11
HONDENBROEDERS WEB RESOURCE GIDS

Web Groothandel bronnen Rolodex

Bij het schrijven van dit boek hebben alle onderstaande bedrijven een actieve website. Van tijd tot tijd gaan bedrijven failliet of veranderen ze hun webadres. Dus, in plaats van je slechts 1 bron te geven, geef ik je er genoeg om uit te kiezen.

Benodigdheden voor hondenfokkerijen

http://goo.gl/R9DDto

http://www.valleyvet.com/c/pet-supplies/dog-fokbenodigdheden.html

http://www.breederssupply.com/

http://www.atozvetsupply.com/Breeder-supplies-s/20.htm

https://www.exodusbreeders.com/

Organisaties

http://www.adbadogs.com/p_home.asp

http://www.arba.org/ http://www.iwdba.org/

Volledige lijst van erkende hondenrassen

http://www.akc.org/dog-breeds/

Benodigdheden voor hondentraining

http://www.dog-training.com/

http://www.roverpet.com/

http://www.dogsupplies.com/

http://www.petwholesaler.com/index.php

http://www.happytailsspa.com/

http://www.futurepet.com/

http://www.petmanufacturers.com/

http://www.k9bytesgifts.com/

http://www.kingwholesale.com/

http://www.upco.com/

CERTIFICERINGSPROGRAMMA'S

http://www.ccpdt.org/

https://apdt.com/join/certification/

Hondeninformatie
www.rainbowridgekennels.com

TRANSPORT
Tweedehands vrachtwagens

http://gsaauctions.gov/gsaauctions/gsaauctions/

http://www.ebay.com/motors

http://www.uhaul.com/TruckSales/

http://www.usedtrucks.ryder.com/vehicle/VehicleSearch.aspx?VoertuigtypeId=1&VoertuiggroepId=3

http://www.penskeusedtrucks.com/truck-types/light- en middelzware/

Onderdelen

http://www.truckchamp.com/

http://www.autopartswarehouse.com/

Fietsen & Motoren

http://gsaauctions.gov/gsaauctions/aucindx/

http://www.bikesdirect.com/products/used-bikes/?gclid=CLCF0vaDm7kCFYtDMgodzW0AXQ

http://www.overstock.com/Sports-Speelgoed/Fietsen/450/kat.html

http://www.nashbar.com/bikes/TopCategories_10053_10052_-1

http://www.bti-usa.com/

http://evosales.com/

COMPUTERS/kantoorapparatuur

http://www.wtsmedia.com/

http://www.laptopplaza.com/

http://www.outletpc.com/

Computer Gereedschapskisten

http://www.dhgate.com/wholesale/computer+reparatie+gereedschap.html

http://www.aliexpress.com/wholesale/wholesale-reparatie-computer-tool.html

http://wholesalecomputercables.com/Computer-Repair-Tool-Kit/M/B00006OXGZ.htm

http://www.amazon.com/Wholesale-Computer-Repair-Schroevendraaier-Insert/dp/B009KV1MM0

http://www.tigerdirect.com/applications/category/category_tlc.asp?CatId=47&name=Computer%20Tools

Computeronderdelen

http://www.laptopuniverse.com/

http://www.sabcal.com/

andere

http://www.nearbyexpress.com/

http://www.commercialbargains.co

http://www.getpaid2workfromhome.com

http://www.boyerblog.com/success-tools

amerikaanse merchandise

liquidators http://www.amlinc.com/

de close-out club

http://www.thecloseoutclub.com/ RJ

korting verkoop

http://www.rjsks.com/

Groothandel in St Louis

http://www.stlouiswholesale.com/

Groothandel in elektronica

http://www.weisd.com/

ana groothandel

http://www.anawholesale.com/

kantoor groothandel

http://www.1-computerdesks.com/

1aaa groothandel merchandise

http://www.1aaawholesalemerchandise.com/ big lots groothandel

http://www.biglotswholesale.com/

Meer zakelijke bronnen

1. http://www.sba.gov/content/starting-green-bedrijf

thuisbedrijven

2. http://www.sba.gov/content/home-based-bedrijf

3. online bedrijven

http://www.sba.gov/content/setting-online-business

4. zelfstandigen en onafhankelijke aannemers

http://www.sba.gov/content/self-employed-onafhankelijke aannemers

5. minderheidsbedrijven

http://www.sba.gov/content/minority-owned- bedrijven

6. veteranenbedrijven

http://www.sba.gov/content/veteran-service-invalide-veteraan-eigendom

7.   vrouwelijke bedrijven

http://www.sba.gov/content/women-owned-bedrijven

8.   mensen met een handicap

http://www.sba.gov/content/people-with-disabilities

9.   jonge ondernemers

http://www.sba.gov/content/young-entrepreneurs

Tot slot, als je van dit boek hebt genoten, neem dan alsjeblieft de tijd om je gedachten te delen en een recensie te plaatsen op Amazon. Dat wordt zeer gewaardeerd!

Hartelijk dank,

Brian Mahoney

Misschien ben je ook geïnteresseerd in:

Hoe geld te krijgen voor het opstarten van een klein bedrijf:

Hoe je veel geld kunt krijgen via crowdfunding, overheidssubsidies en staatsleningen

Door Ramsey Colwell

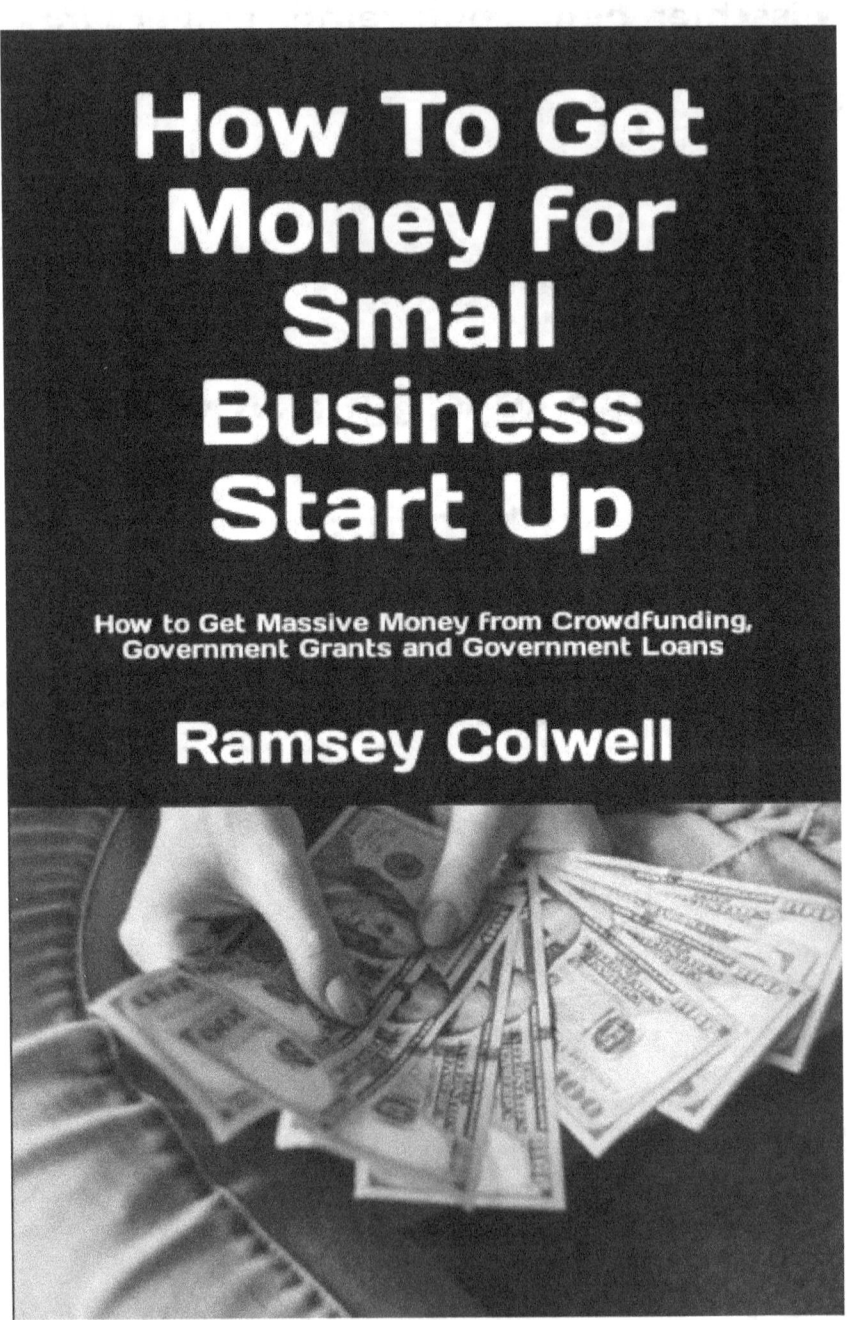

Door Ramsey Colwell

www.ingramcontent.com/pod-product-compliance
Lightning Source LLC
LaVergne TN
LVHW012053070526
838201LV00083B/4505